El Lenguaje y el Significado

de las Flores

Querida

Que irradies como la fragancia de una flor...

ISBN: 9781797090900
Precio: 11.99 € (IVA incluido)
Publicado independientemente
Impreso en España por Amazon Kindle Publishing
Depósito legal: febrero 2019
Email: nicolae2021@gmail.com

Edición original en inglés: The Language of Flowers: 800 Flowers and Their Beautiful Timeless Meanings

ISBN: 978-1521087343

Traducido al español por Nicolae Tanase

stored in a retrieval system, transmitted, or otherwise be copied for public or private use - other than for "fair use" as brief quotations embodied in articles and reviews - without prior written permission of the author.

In the event you use any of the information in this book for yourself, which is your constitutional right, the author and the publisher assume no responsibility for your actions.

The information in this book is for your education and entertainment only. The author in no way implies or advocates that this information be used for medical or consumptive purposes. The author cannot claim this list is definitive because there is no definitive list. Depending on the culture, quite different meanings of flowers are attached to the same blooms, so you may find variations. The author selected the most common, accurate, and loving meanings.

El regalo de las flores existe en la mayoría de las civilizaciones, ya sea un regalo o un acto religioso. En algunas culturas, el lenguaje de las flores recibe un simbolismo especial, que le da a cada uno un significado. Por lo tanto, la composición de un ramo puede guiarse por preguntas de colores y aromas, o por el significado que se le da a cada flor. Los significados de las flores han evolucionado con el tiempo y no son los mismos en las diferentes culturas.

Este libro está escrito por las flores. Es un libro que habla a través de las flores.

Este libro te hará florecer! Contiene una lista de 800 flores y sus significados hermosos y atemporales.

Este libro de bolsillo te acompañará todo el tiempo, en tu bolso, en tu cocina, en la mesa de la terraza, en tu teléfono, tableta o en tu Kindle.... en el coche, cuando vas a comprarle una sonrisa floreciente.

Puedes acceder al significado de una flor en cualquier momento y en cualquier lugar, día o noche, en una cita o una boda, o bien temprano en la mañana en el jardín perfumado.

Adorna tu corazón con el lenguaje de una flor. Dale a alguien una flor llena de fragancia y una palabra del alma. Adorna tu jardín de flores con valores y virtudes. Deja que tu jardín florezca hacia el jardín del amor. Deja que tu corazón irradie como la fragancia de una flor...

A la flor siempre floreciente
Al florecimiento sempiterno
A la fragancia todo penetrante

...ya ves,
una mujer es como una flor,
y el jardinero da agua...

A

Abedul (*Betula*) – Símbolo de la mujer, de la renovación y de la vida, purificador y protector

Abelia (*Abelia*) – Devoción

Abeto (*Abies*) – Elevación, el árbol cósmico, representa el movimiento ascendente de la vida, un símbolo de amor

Abrótano (*Artemisia abrotanum*) – Salud y bendiciones

Abutilon (*Abutilon*) – La sabiduría de la intuición

Acacia (*Acacia*) – Amor oculto

Acacia, Rosa (*Acacia*) – Elegancia, amistad

Acacia de tres espinas, o gleditsia de tres espinas (*Gleditsia triacanthos*) – Elegancia

Acanto (*Acanthus*) – Artes

Acebos (*Ilex*) – Previsión, encantamiento

Acedera (*Rumex*) – Paciencia, resistencia

Acederón (*Rumex patientia*) – Paciencia

Achillea Erba-Rotta (*Achillea*) – Elegancia, amistad

Achimenes (*Achimenes*) – Valor raro

Aciano; también azulejo, aldiza, flor celeste, scabiosa, pincel (*Centaurea cyanus*) – Delicadeza, refinamiento

Acónito, o anapelo azul, matalobos de flor azul (*Aconitum napellus*) – Caballerosidad

Adán y Eva (*Aplectrum hyemale*) – Amor, felicidad

Adelfa (*Nerium oleander*) – Tener cuidado

Adenandra, o flor de china (*Adenandra*) – Refresco

Adonis (*Adonis*) – El recuerdo del placer de la vida

Agárico (*Agaricus*) – Fertilidad

Agave (*Agave*) – La abundancia

Agrimonia (*Agrimonia*) – Gratitud

Aguacate, el árbol (*Persea*) – Amor y belleza, alimento
espiritual

Ajedrea (*Satureja*) – Interés

Ajo (*Allium*) – Coraje, fuerza, ponte bien, alejar el mal
y la enfermedad

Ajo, florecimiento (*Allium*) – Prosperidad, fuerza,
unión

Alamo, o chopos (*Populus tremula*) – Superando el
miedo

Alamo negro (*Populus nigra*) – Coraje

Albahaca (*Basilicum*) – Los mejores deseos

Albaricoque, florecimiento (*Prunus armeniaca*) –
Amor

Albejana (*Lathyrus latifolius*) – ¿Irás conmigo?

Alcanforero (*Cinnamomum camphora*) – Salud, adivinación

Alcaravea (*Carum carvi*) – Protección

Alchemilla (*Alchemilla*) – Mágico

Alegrías, o alegría de la casa (*Impatiens*) – Amor ardiente, impaciencia

Aletris, también raíz de cólico blanca, raíz de unicornio (*Aletris Farinosa*) – Protección

Alfalfa (*Medicago*) – Vida

Alforfón (*Fagopyrum*) – Dinero

Alhelí de invierno (*Matthiola incana*) – Prontitud

Alheña, o ligustro (*Ligustrum*) – Suavidad

Aliso de mar (*Lobularia maritima*) – Valor más allá de la belleza

Allamanda (*Allamanda*) – Celestial

Almendro, florecimiento (*Amygdalus communis*) – Despertar, esperanza

Aloe candelabro (*Aloe arborescens*) – Evanescente

Aloe Vera (*Aloe*) – Sabiduría

Alpiste (*Phalaris Canariensis*) – Perseverancia

Altamisa, o matricaria (*Tanacetum parthenium*) – Calor, buena salud

Altareina, o altarcina (*Filipendula ulmaria*) – Inutilidad

Amapola, en general (*Papaver*) – Consolación

Amapola, amarilla (*Papaver*) – Riqueza, Éxito

Amapola blanca (*Papaver*) – Descanso, sueño del corazón

Amapola escarlata (*Papaver*) – Extravagancia fantástica

Amapola oriental (*Papaver*) – Tranquilo

Amapola roja (*Papaver*) – Placer

Amapola de California; también campanilla, dedal de oro, escholtzia, rasete, raso, fernandos (*Eschscholzia*) – Libera el karma del pasado que todavía se mantiene dentro del corazón

Amaranto (*Amaranthus*) – La inmortalidad, amor inmarcesible

Amaranto redondo (*Gomphrena*) – Amor inmarcesible

Amarilis, o lirio de Santa Paula (*Hippeastrum*) – Belleza espléndida

Ambrosía (*Ambrosia*) – Amor mutuo, amor devuelto

Andromeda japonesa (*Pieris japonica*) – Pensamientos felices, felicidad a través de las edades

Anémona (*Anemone*) – Expectativa, calma

Anémona de bosque, o flor del viento, olor de zorro (*Anemone nemorosa*) – Sinceridad, el símbolo del amor

Angélica; también hierba del Espíritu Santo (*Angelica*) – Inspiración

Annabelle (*Hydrangea arborescens*) – Pensamientos del cielo, pensamientos espirituales

Anturio (*Anthurium*) – Hospitalidad

Apocino (*Apocynum*) – Inspiración

Apio (*Apium*) – Poderes mentales, lujuria

Asafétida (*Ferula*) – Purificación

Arándano (*Vaccinium*) – Fe, oración

Arándano rojo (*Vaccinium*) – Cura del dolor de corazón

Arañuela, o ajenuz, neguilla (*Nigella*) – Delicadeza, amor duradero

Arañuela blanca (*Nigella*) – Una oda a la pureza del amor

Árbol balsámico (*Impatiens*) – Curación y celebración

Árbol de Judas, árbol del amor (*Cercis siliquastrum*) – Arbol del amor, renacimiento

Árbol de la seda, también acacia de flores sedosas, acacia de Constantinopla (*Albizia*) – Calmar el espíritu, equilibrio espiritual

Arce (*Acer*) – La sabiduría del equilibrio

Arce japonés (*Acer palmatum*) – Bendiciones; elegancia, belleza y gracia

Aro, o yaro (*Amorphophallus*) – Ardor

Arroyuela, o salicaria (*Lythrum*) – Paz, toma esta flor como ofrenda de paz

Artemisa; también artemega, ceñidor, yuyo crisantemo, hierba de San Juan y madra (*Artemisia*) – Dignidad, felicidad

Asclepia; también algodoncillo, bandera española, platanillo, hierba María (*Asclepias*) – Dejame ir, renacimiento

Asclepia, o flor de sangre (*Asclepias tuberosa*) – Cura de angustia

Asfódelos, o gamones (*Asphodelus*) – Mis arrepentimientos te siguen hasta la tumba, lamenta más allá de la tumba

Asnillo, o gatuña, hierba toro (*Ononis*) – Obstáculo

Asperilla (*Galium odoratum*) – Humildad

Asphodelin amarillo; también palo de Jacob, flor la lanza del rey (*Asphodeline*) – El arrepentimiento

Aster (*Aster*) – El talismán del amor, la paciencia

Aster grande flor (*Aster grandiflorus*) – Reflexión

Aster chino (*Callistephus*) – Pensaré en ti

Aster Monte Casino (*Aster*) – Paciencia

Astilbe; también falsa barba de la cabra, Spirea falso (*Astilbe*) – Amor a primera vista, aún te estare esperando

Astrancia (*Astrantia*) – Fuerza, coraje

Aurícula (*Primula auricula*) – La pintura

Ave del paraíso, o flor del pájaro (*Strelitzia reginae*) – Libertad, fidelidad, regal, fabuloso

Avellano (*Corylus*) – Reconciliación

Avena (*Avena sativa*) – Musica del alma

Azafrán (*Crocus sativus*) – Cuidado con el exceso, risa

Azahar, naranja (*Citrus sinensis*) – Generosidad

Azahar, florecimiento (*Citrus sinensis*) – Amor eterno, amor puro

Azucena rosa, o lirio belladonna (*Amaryllis belladonna*) – Belleza espléndida

B

Babiana (*Babiana*) – Placer

Bálsamo de Galaad (*Cedronella triphylla*) – Curación

Bambú (*Bambuseae*) – Longevidad, riqueza, felicidad

Banana, plátano (*Musa*) – Fertilidad, Potencia

Baniano, o higueras de Bengala (*Ficus*) – Suerte, longevidad

Baobab (*Adansonia*) – El árbol de la Vida

Barba de Dios (*Clematis*) – Descanso, seguridad

Bardana, o arctium (*Arctium*) – No me toques

Bauhinia, o árbol orquídeo (*Bauhinia*) – Armonía, sincronización

Begonia (*Begonia*) – Cuidado, pensamiento profundo

Beleño negro, o hierba loca (*Hyoscyamus niger*) – Para que los hombres atraigan el amor de las mujeres

Belladonna (*Atropa*) – Silencio

Bellota, Roble – Símbolo nórdico de la vida y la inmortalidad

Bérbero (*Berberis*) – Nitidez, sátira

Berro amargo (*Cardamine*) – Error paternal

Biengranada (*Dysphania botrys*) – Tu amor es reciproco

Bignonia (*Bignonia*) – Belleza mandarina

Boca de dragón (*Antirrhinum majus*) – Fascinación, dama graciosa

Bola de nieve, o Mundillo, Sauquillo (*Viburnum opulus*) – La belleza del invierno, el amor apasionado de una hermosa doncella

Bolsa de pastor (*Capsella bursa-pastoris*) – Todo lo que tengo es tuyo, te ofrezco mi todo

Bonetero (*Euonymus*) – Tu imagen está grabada en mi corazón

Bonsai, árbol – Equilibrio, simplicidad, armonía

Borbonia (*Persea borbonia*) – La memoria del amor

Borraja (*Borago*) – Talento, valentía

Botanera de Caracas (*Browallia*) – Admiración

Brecina, lavanda (*Calluna vulgaris*) – Admiración

Brecina, blanca (*Calluna vulgaris*) – Protección, los deseos se harán realidad

Bretónica; también salima fina, savia (*Stachys*) – Sorpresa

Brezo (*Erica*) – Tentación, seducción

Bromelia (*Bromeliaceae*) – Riqueza, Éxito

Brújula flor (*Silphium laciniatum*) – Fe

Bryonia (*Bryonia*) – Prosperidad

Bryonia negra, o nueza, nabo del diablo (*Bryonia dioica*) – Sea mi apoyo

Buchu (*Agathosma*) – Poderes psíquicos

Buganvilla (*Bougainvillea spectabilis*) – Pasión

Búgula (*Ajuga*) – Anima el corazón, salud

Buvardia (*Bouvardia*) – Entusiasmo

C

Cactus (*Opuntia*) – Resistencia, afecto

Cala; también cala de Etiopía, alcatraz, aro de Etiopía, lirio de agua, cartucho, flor de pato, flor del jarro (*Zantedeschia aethiopica*) – Belleza magnífica, belleza femenina

Calabaza (*Cucurbita*) – Renacimiento y fertilidad, cosechas y cultivos

Caladium (*Caladium*) – Alegría, deleite

Cálamo aromático (*Acorus*) – Amor

Calathea crocata (*Calathea*) – Llama eterna

Calicanto (*Calycanthus*) – Benevolencia

Calliopsis (*Coreopsis*) – Siempre alegre

Calta, o caléndula acuática (*Caltha*) – Riqueza

Camelia, en general (*Camellia*) – Amor eterno, devoción duradera, adoración y cuidado; esta flor simboliza a dos enamorados donde los pétalos representan a la mujer, y la parte verde frondosa que mantiene unidos los pétalos representa al hombre

Camelia azul (*Camellia*) – Tu eres la llama en mi corazón

Camelia blanca (*Camellia*) – Amistad, gratitud, eres adorable

Camelia japonesa (*Camellia*) – Excelencia

Camelia rosada (*Camellia*) – Anhelo

Camelia roja (*Camellia*) – Calidez innata, fidelidad

Campanas de Irlanda (*Moluccella laevis*) – Buena suerte

Campanula, o campanillas (*Campanula*) – Gratitud

Campanillas de cantil (*Campanula rotundifolia*) – Delicada como esta flor

Campanita, o flor de la luna (*Ipomoea*) – Sueños de amor

Caña (*Poales*) – Música, el amor por la musica

Caña roja, o archibebe, chamizo colorado (*Adenostoma sparsifolium*) – Paciencia

Candelabra (*Brunsvigia Orientalis*) – Quedar asombrado

Canela (*Cinnamon*) – Amor, belleza

Canna indica; también achira, achera, sagú, capacho, biri, cucuyús, juquián, risgua, caña de India, caña de cuentas, cañacoro, flor del cangrejo, yerba del rosario, papantla (*Canna*) – Confianza en los cielos

Capiquí, o pamplina, hierba gallinera (*Stellaria media*) – Me aferro a ti

Capuchina (*Tropaeolum majus*) – Patriotismo, heroísmo

Caqui (*Diospyros kaki*) – Hermoso lugar de descanso

Cardamomo (*Elettaria*) – Amor

Cardencha (*Dipsacus fullonum*) – Austeridad

Cardo (*Cirsium*) – Independencia

Cardo azul (*Eryngium*) – Independencia

Cardo mariano (*Silybum marianum*) – Amor divino, Realeza, Emblema de la Virgen María

Carpe (*Carpinus*) – Ornamento

Carraspique (*Iberis*) – Indiferencia, también belleza estoica

Castaño (*Castanea sativa*) – Hazme justicia

Castaño de Indias, o falso castaño (*Aesculus*) – Lujo

Catalpa árbol, o árbol Indio (*Catalpa*) – Cuidado con la coqueta

Cattleya (*Cattleya*) – Encantos maduros

Cebada (*Hordeum*) – Curación, protección

Cebollino (*Allium*) – Utilidad

Cedro (*Cedrus*) – Yo vivo para ti

Cedro, hoja (*Cedrus*) – Piensa en mi

Cedro de Lebanon (*Cedrus*) – Incorruptible

Celidonia, o golondrina (*Chelidonium*) – Alegrias por venir

Celosia (*Celosia*) – Afecto jubiloso, creatividad

Cenizo, o quinoas (*Chnopodium*) – Bondad

Cerastio (*Cerastium*) – Simpleza

Cereus, o aguacollas, gigantones (*Cereus*) – Genio modesto

Cereza (*Prunus cerasus*) – Un tiempo de dulzura, amor y armonía

Cereza, zumo (*Prunus cerasus*) – Los aspectos femeninos de la belleza, la sexualidad y la procreación

Cerezo, florecimiento (*Prunus cerasus*) – Belleza de la vida, belleza espiritual

Cerezo, árbol (*Prunus cerasus*) – Buena educación

Cerezo ácido, flor (*Prunus cerasus*) – Belleza espiritual y femenina

Cerezo de racimos, o cerezo aliso (*Prunus padus*) – Esperanza

Cesto de oro (*Aurinia saxatilis*) – Tranquilidad

Cetraria islandica, o liquen de Islandia (*Cetraria*) – Salud

Ciclamen, o artánita, pan de puerco (*Cyclamen*) – Modestia, la esperanza tímida

Cidro, o citrón (*Citrus*) – Belleza natural

Cilantro (*Coriandrum sativum*) – Valor oculto

Cinamomo, también agriaz, paraíso sombrilla, árbol Santo (*Melia azedarach*) – El árbol del conocimiento del bien y del mal en el jardín del Edén, nobleza, esperanza y fuerza

Cincoenrama (*Potentilla*) – Niño amado

Cineraria (*Cineraria*) – Siempre encantado

Cinia (*Zinnia*) – Pensamientos de amigos ausentes, bondad

Ciprés (*Cupressus*) – Vida eterna; la vida eterna que viene después de la muerte

Circaea (*Circaea*) – Fascinación

Ciruela, florecimiento (*Prunus domestica*) – Fidelidad, longevidad

Ciruela árbol (*Prunus domestica*) – Mantener la promesa

Ciruela árbol, salvaje (*Prunus domestica*) – Independencia

Clarkia (*Clarkia*) – La variedad de tu conversación me deleita

Clavel, en general (*Dianthus caryophyllus*) – Fascinación, amor devoto

Clavel amarillo (*Dianthus caryophyllus*) – Rechazo

Clavel blanco (*Dianthus caryophyllus*) – Dulce y encantadora, amor puro

Clavel rosado (*Dianthus caryophyllus*) – El amor de la mujer, el amor eterno de la madre

Clavel rojo (*Dianthus caryophyllus*) – Admiración, amor divino

Clavel púrpuro (*Dianthus caryophyllus*) – Capricho

Clavel sólido (*Dianthus caryophyllus*) – Sí

Clavel coronado (*Dianthus plumarius*) – Afecto puro

Clavel coronado, amarillo (*Dianthus plumarius*) – Desdén

Clavel coronado, blanco (*Dianthus plumarius*) – Eres justo

Clavel coronado, clavo (*Dianthus plumarius*) – Dignidad

Clavel coronado, de montaña (*Dianthus plumarius*) – Estas aspirando

Clavel coronado, doble rojo (*Dianthus plumarius*) – Amor puro

Clavel coronado, Indio (*Dianthus plumarius*) – Aversión

Clavel coronado, Indio, doble (*Dianthus plumarius*) – Encantadora

Clavel coronado, jaspeado (*Dianthus plumarius*) – Rechazo

Clavel coronado, rojo (*Dianthus plumarius*) – Amor puro

Clavel coronado, salvaje (*Dianthus plumarius*) – Dignidad

Clavel del poeta (*Dianthus barbatus*) – Galantería

Clavel lanudo (*Silene coronaria*) – Te mereces mi amor

Clavelina de mar (*Armeria*) – Simpatía

Clavero (*Syzygium aromaticum*) – Dignidad

Clemátide (*Clematis*) – Intelectual, ingenio

Clemátide vírgenes (*Clematis virginiana*) – Amor filial

Clianthus, o flor de gloria (*Clianthus*) – Auto-búsqueda

Clivia (*Clivia miniata*) – Buena fortuna

Coco, árbol (*Cocos nucifera*) – Encontrando el tesoro interior

Cola de león (*Leonurus*) – Amor secreto

Cola de zorro (*Eremurus*) – Soportante

Colleja (*Silene*) – Amor juvenil

Colombinas (*Aquilegia*) – Inocencia de María, Espíritu Santo, sabiduría

Cólquico, o Narciso de otoño (*Colchicum autumnale*) – Pureza, inocencia

Colza, o raps (*Brassica napus*) – Cosecha, vitalidad y energía infinita

Comino (*Cuminum*) – Fidelidad

Confeti blanco, arbusto (*Coleonema album*) – Purificación

Consuelda, o consolida (*Consolida*) – Ligereza, corazón abierto

Copaiba, árbol (*Copaifera*) – Vitalidad

Corazón sangrante (*Lamprocapnos*) – Amor eterno

Cornejo (*Cornus mas*) – Amor no disminuido, durabilidad

Corona imperial (*Fritillaria imperialis*) – Majestad

Coronilla (*Coronilla*) – Éxito para ti

Correhuela, o cahiruela (*Convolvulus arvensis*) – Humildad

Cosmos; también mirasol, coreopsis, girasol púrpura (*Cosmos bipinnatus*) – Alegría en el amor y la vida

Cresta de Gallo (*Celosia cristata*) – Amor inmarcesible

Crisantemo, en general (*Chrysanthemum*) – Alegría, eres un amigo maravilloso

Crisantemo amarillo (*Chrysanthemum*) – Amor despreciado

Crisantemo blanco (*Chrysanthemum*) – Verdad, amor devoto

Crisantemo orange (*Chrysanthemum*) – Entusiasmo y pasión

Crisantemo morado (*Chrysanthemum*) – Un deseo de estar bien

Crisantemo rosado (*Chrysanthemum*) – Enamorado

Crocus, o la flor del azafrán (*Crocus*) – Alegría

Cruz de Malta (*Lychnis*) – Entusiasmo espiritual

D

Dafne (*Daphne*) – Gloria

Dafne olorosa (*Daphne* odora) – Dulces al dulce

Dalia (*Dahlia*) – Por siempre tuyo, dignidad y elegancia

Datura, o chamico, floripondio (*Datura*) – Soñé contigo

Dedalera; también guante de Nuestra Señora, estaxón, viluria (*Digitalis*) – Estaré contigo tan pronto como pueda

Diente de león, o panaderos, ásteres (*Taraxacum*) – Oráculo de amor

Diosma (*Diosma*) – Elegancia simple, utilidad

Disa (*Disa uniflora*) – Seducción

Doca de Chile (*Carpobrotus chilensis*) – Elocuencia, tus miradas me congelan

Dondiego de noche, o dompedros, Maravilla del Perú (*Mirabilis jalapa*) – Timidez

Drago, o árbol dragón (*Dracaena*) – Poder interior

Dragón verde (*Arisaema dracontium*) – Ardor

Dulcamara (*Solanum dulcamara*) – La verdad, el amor platónico

Durillo (*Viburnum tinus*) – Jovialidad

E

Ebúrnea (*Gaultheria*) – Ánimo

Edelweiss, o flor de las nieves (*Leontopodium alpinum*) – Coraje noble, devoción

Elecampana, o énula, helenio (*Inula helenium*) – Lágrimas

Endine (*Endine*) – Frugalidad

Endrino (*Prunus spinosa*) – Dificultad

Enebro (*Juniperus*) – Belleza perfecta

Eneldo (*Anethum*) – Buenos espíritus

Epilobio de flor pequeña (*Epilobium*) – Pretensión, duelo

Equinácea morada (*Echinacea purpurea*) – Fuerza y salud

Escarola, o achicoria común (*Cichorium intybus*) – Frugalidad

Escoba rubia, o retama negra (*Cytisus scoparius*) – Humildad, pulcritud

Escobilla morisca (*Scabiosa*) – Adjunto desafortunado

Espadaña; también gladio, anea, enea, totora (*Typha*) – Paz, prosperidad

Espadaña, florecimiento (*Typha*) – Confianza en los cielos

Espárragos (*Asparagus*) – El símbolo de la fertilidad, el símbolo de la diosa del amor

Espárragos, helecho (*Asparagus aetiopicus*) – Fascinación

Espárrago de los pobres, o espinaca de Lincolnshire (*Blitum*) – Bondad

Espejo de Venus (*Triodanis perfoliata*) – Adulación, halago

Espinca (*Spinacia*) – Fuerza interior

Espino cerval, o cervispino (*Rhamnus*) – Deseos

Espirea (*Spiraea*) – Victoria sobre las dificultades y la expansión creativa

Espuela de caballero (*Delphinium*) – Trascendencia celestial

Espuma del mar (*Ammi majus*) – Feminidad delicada

Espumilla; también lila de las Indias, lila del sur, crespón, crepe myrtle (*Lagerstroemia*) – Elocuencia

Estrella de Belén, o Leche de pájaro (*Ornithogalum umbellatum*) – Pureza, reconciliación

Estrella fugaz (*Dodecatheon*) – Belleza devina

Estrellada (*Aster amellus*) – Despedida

Eucalipto (*Eucalyptus*) – Fuerza, protección y abundancia

Eupatoria (*Eupatorium*) – Regeneración, fortalecimiento

F

Falso jazmín (*Solanum jasminoides*) – Tu eres deliciosa

Flor de ajo (*Tulbaghia violacea*) – Saludable, sano

Flor de cera (*Hoya*) – Escultura, riqueza y protección

Flor de cuclillo (*Lychnis flos-cuculi*) – Ingenio

Flor de la viuda, o alfileres (*Trachelium*) – Belleza desatendida

Flor de lis (*Lilium*) – Mensaje, llama

Flor del Minero (*Centaurea moschata*) – Felicidad, esperanza en el amor

Flor de naranja de malezas, o halcones masticaría (*Hieracium*) – Visión rápida

Flor de pascua, o flor de Navidad (*Euphorbia pulcherrima*) – Nacimiento de Cristo, vida nueva

Flor de una hora (*Hibiscus trionum*) – Belleza delicada

Flor inmortal (*Xeranthemum*) – Eternidad, la inmortalidad

Flox (*Phlox*) – Nuestros corazones están unidos, almas unidas

Forsitia (*Forsythia*) – Emoción, anticipación y un nuevo comienzo. También un símbolo de amor devoto

Frambuesa (*Rubus*) – El símbolo de la feminidad, la maternidad y la fertilidad

Fresa (*Fragaria*) – Perfecta elegancia, perfecta excelencia

Fresa, árbol (*Arbutus*) – Amor estimado

Fresia (*Freesia*) – Amistad duradera, inocencia

Fresno (*Fraxinus*) – Prudencia, Protección

Fucsias; también aretillos, pendientes, zarcillos de la
Reina (*Fuchsia*) – Amor humilde, frugal

Fritilaria, o ajedrezada (*Fritillaria meleagris*) – Orgullo
virgen

Fucsia escarlata (*Graptophyllum excelsum*) – Gusto

G

Galax (*Galax*) – Ánimo

Galanto, o campanilla de invierno (*Galanthus*) – Consolación y esperanza

Galega, o ruda cabruna (*Galega officinalis*) – Razón

Galio perfumado (*Galium Triflorum*) – Amor

Garbancillo (*Astragalus*) – Confort, tu presencia suaviza mi dolor

Gardenia, en general (*Gardenia*) – Refinamiento, pureza; el color blanco de sus pétalos simboliza la pureza de un ser querido, la pureza de una relación

Gardenia, amarilla (*Gardenia*) – Esperanza

Gardenia, blanca (*Gardenia*) – Pureza, paz y armonía

Gardenia, roja (*Gardenia*) – Amor a primera vista

Gardenia, rosa (*Gardenia*) – Belleza y renovación

Gelatina de estrella (*Tremella nostoc*) – Resuelve el enigma

Genciana; también Hierba de San Ladislao (*Gentianopsis*) – Mira al cielo

Genciana, flecos (*Gentiana*) – Valor intrínseco, miro al cielo

Genciana, cerrada (*Gentiana*) – Dulce sean tus sueños

Geranio (*Pelargonium*) – Verdadero amigo, gentileza, mente tranquila

Geranio, manzana (*Pelargonium*) – Preferencia actual

Geranio, negro (*Pelargonium*) – Melancolía

Geranio, hiedra (*Pelargonium*) – Tu mano para el siguiente baile

Geranio, limón (*Pelargonium*) – Reunión inesperada

Geranio, nuez moscada (*Pelargonium*) – Espero una reunion

Geranio, hoja de roble (*Pelargonium*) – Amistad verdadera

Geranio, hoja de lapiz (*Pelargonium*) – Ingenio

Geranio, rosa (*Pelargonium*) – Preferencia

Geranio, escarlata (*Pelargonium*) – Consolador, Consolación

Geranio, hoja plata (*Pelargonium*) – Recordar

Geranio, salvaje (*Pelargonium*) – Piedad firme

Geum, o hierba de San Benito (*Geum*) – Purificación

Girasol (*Helianthus annuus*) – Devoción, amor dedicado

Gitam, o herba gitanera (*Dictamnus albus*) – Nacimiento

Gladiolo, general (*Gladiolus*) – Fuerza de carácter, Nunca rendirse, Generosidad

Gladiolo, rojo (*Gladiolus*) – Amor y pasión

Gladiolo, rosado (*Gladiolus*) – Feminidad, amor maternal

Gladiolo, morado (*Gladiolus*) – Encanto, gracia y misterio

Gladiolo, blanco (*Gladiolus*) – Inocencia y pureza

Gladiolo, amarillo (*Gladiolus*) – Alegría y compasión

Glicina, o glicinia (*Wisteria*) – Bienvenido, poesía, amor duradero

Gloria de la mañana, o manto de María, campanilla morada (*Ipomoea*) – Amor, afecto

Gloxinia (*Gloxinia*) – Amor a primera vista, espíritu orgulloso

Godesia (*Clarkia Amoena*) – Sinceridad, fascinación

Gordolobo, o maleza de algodón (*Gnaphalium*) – Recuerdo constante

Granada, flor (*Punica granatum*) – Elegancia madura

Grosella (*Ribes*) – Anticipación

Grosellero ornamental, o grosellero de flor (*Ribes sanguineum*) – Me satisfaces

Guisante (*Pisum*) – Reunión designada

Guisante de olor, o arvejilla (*Lathyrus odoratus*) – Placer dichoso

Guayacana (*Diospyros lotus*) – Resistencia

H

Hamamelis, también avellano de bruja (*Hamamelis*) – Hechizo mágico, aleja el mal y cura corazones rotos

Haya (*Fagus*) – Un símbolo de conocimiento, sabiduría y prosperidad

Helecho, general – Fascinación, confianza, refugio, "Mi casa su casa"

Helecho (*Pteridium*) – Encantamiento, magia

Helecho águila (*Polypodiophyta*) – Sinceridad

Helecho culantrillo (*Adiantum capillus-veneris*) – Lazo secreto de amor

Helecho regio (*Osmunda regalis*) – Ensueño

Helenio (*Helenium*) – Lágrimas

Helicriso, o flor de papel (*Helichrysum odoratissimum*) – Compasión

Heliotropos (*Heliotropium*) – Devoción, yo amo

Hepatica (*Hepatica*) – Confianza

Hibisco, en general (*Hibiscus*) – Belleza única y delicada; un verdadero símbolo de la energía femenina; un símbolo de una esposa perfecta; las flores de hibisco se regalan a las mujeres que son lo suficientemente dignas de su belleza y unicidad

Hibisco amarillo (*Hibiscus*) – Amistad y relaciones familiares

Hibisco blanco (*Hibiscus*) – Energía femenina, belleza y pureza

Hibisco morado (*Hibiscus*) – Misterio, clase superior y conocimiento

Hibisco rosado (*Hibiscus*) – Amistad y muchos tipos de amor

Hibisco rojo (*Hibiscus*) – Pasión, amor y romance

Hiedra (*Hedera*) – Fidelidad, amor casado

Hiedra, hoja (*Hedera*) – Amistad

Hiedra, ramita de zarcillos blancos (*Hedera*) – Afecto

Hiedra, vid (*Hedera*) – Matrimonio

Hierba (*Poaceae*) – Utilidad

Hierba gatera, también menta gatuna, albahaca de gatos, nébeda (*Nepeta*) – El afecto, la belleza

Hierba de Santa María, o balsamita, menta coca (*Tanacetum balsamita*) – Dulzura

Hierba lechera (*Polygala vulgaris*) – Ermita

Hierbas de temblor (*Briza*) – Agitación

Higo (*Ficus carica*) – Secreto, longevidad

Higuera de las pagodas, o higuera sagrada, el árbol Bodhi (*Ficus Religiosa*) – Despertamiento, iluminación, sabiduría

Hinojo (*Foeniculum vulgare*) – Fuerza

Hinojo silvestre (*Foeniculum*) – Refrescante

Hipérico, o hierba de San Juan (*Hypericum perforatum*) – Inspiración

Hisopo (*Hyssopus*) – Purificación

Hortensia (*Hydrangea*) – Gracia

Hosta; también planta de Lidia (*Hosta*) – Devoción

Hustonia; también señoras cuáqueras (*Houstonia*) – Contentamiento

I

Iris (*Iris*) – Sabiduría, fe, valor
Iris alemán (*Iris*) – Llama
Iris amarillo (*Iris*) – Pasión
Ixia (*Ixia*) – Felicidad

J

Jacinto amarillo (*Hyacinthus orientalis*) – Celos

Jacinto de los bosques (*Hyacinthoides non-scripta*) – Gratitud, humildad

Jacinto azul (*Hyacinthus orientalis*) – Sinceridad, lealtad y fidelidad

Jacinto blanco (*Hyacinthus orientalis*) – Verdadero cuidado, rezaré por ti, gracia

Jacinto morado (*Hyacinthus orientalis*) – Por favor perdoname

Jacinto rojo (*Hyacinthus orientalis*) – Alegría

Jacobina (*Justicia carnea*) – La perfección de la belleza femenina

Jara, o estepa (*Cistus*) – Favor

Jazmín, en general (*Jasminum*) – El regalo de dios; pureza de espíritu; símbolo de bondad, gratitud y delicadeza de las mujeres

Jazmín amarillo (*Jasminum*) – Gracia, elegancia

Jazmín azul (*Jasminum*) – Honestidad y confianza

Jazmín blanco (*Jasminum*) – Pureza, inocencia y virginidad

Jazmín del país (*Jasminum*) – Sensualidad

Jazmín morado (*Jasminum*) – Realeza y nobleza

Jazmín naranja (*Jasminum*) – Felicidad, pasión y amor

Jazmín rojo (*Jasminum*) – Amor y pasión

Jazmín rosado (*Jasminum*) – Romance, amor y cariño

Jazmín de invierno (*Jasminum nudiflorum*) – Quiero ser todo para ti. También simboliza la gracia y la elegancia; la flor que da la bienvenida a la primavera

Jazmín de Madagascar (*Stephanotis floribunda*) – La felicidad en el matrimonio

Jazmín del Cabo (*Gardenia jasminoides*) – Alegría transitoria

Jengibre (*Zingiber*) – Fuerza

K

Karité, árbol (*Vitellaria paradoxa*) – Sanación de
mente, cuerpo y espíritu
Kennedia (*Kennedia*) – Belleza intelectual
Kiwi, árbol (*Actinidia*) – Bendiciones de un futuro
próspero
Koekemakranka (*Genthyllis afra*) – Virilidad

L

Laburno, o lluvia de oro (*Laburnum anagyroides*) – Belleza pensativa

Lantana (*Lantana*) – Rigor

Lárice (*Larix decidua*) – Un símbolo de poder, longevidad y vida siempre renovada; también simboliza el amor maternal

Laurel de montaña (*Kalmia latifolia*) – Ambición y perseverancia

Laurel, hoja (*Laurus Nobilis*) – Perseverancia, gloria

Lavanda (*Lavandula*) – Devoción, amor

Lavanda rosa (*Lavandula*) – Amor puro

Lavatera (*Lavatera*) – Dulce disposición

Lechuga (*Lactuca sativa*) – Corazón frío

Lengua de serpiente (*Ophioglossum*) – Curación

Lepidio; también mastuerzo, berro hortelano (*Lepidium*) – Potencia, estabilidad, confiable

Liatris, o liátride (*Liatris*) – Lo intentaré otra vez

Limón (*Citrus limon*) – Fervor

Limón, florecimiento (*Citrus limon*) – Amor fiel, discreción

Líquen (*Parmelia*) – Soledad

Lila, en general (*Syringa*) – Primavera y renovación

Lila azul (*Syringa*) – Tranquilidad

Lila blanca (*Syringa*) – Juventud, inocencia y pureza

Lila magenta (*Syringa*) – Amor y pasión

Lila morada (*Syringa*) – Primer amor, humildad

Lindera (*Lindera*) – Purificación, prosperidad

Lino, o linaza (*Linum usitatissimum*) – Siento tu amabilidad

Linterna china (*Physalis alkekengi*) – El símbolo de protección

Lirio (*Lilium*) – Pureza de corazón, modestia e inocencia

Lirio amarillo (*Lilium*) – Gratitud

Lirio blanco (*Lilium*) – Pureza, virtud, el símbolo de la Virgen María

Lirio casablanca (*Lilium*) – Celebración

Lirio de agua, o ninfeácea (*Lilium*) – Elocuencia

Lirio del amazonas (*Lilium*) – Encantos de soltera

Lirio escarlata (*Lilium*) – De alma elevada

Lirio imperial (*Lilium*) – Majestad

Lirio stargazer (*Lilium*) – Ambición

Lirio tigre (*Lilium*) – Riqueza, prosperidad

Lirio Iris (*Iris Versicolor*) – Dinero

Lirio del Nilo (*Agapanthus*) – La carta de amor

Lirio de día (*Hemerocallis*) – Entusiasmo, emblema chino para la madre

Lirio de fuego (*Cyrtanthus guthrieae*) – Apasionado

Lirio de la paz (*Spathiphyllum*) – Paz, pureza, armonía

Lirio de lluvia, o cefirante (*Zephyranthes*) – Sinceridad, amor

Lirio de los Incas, o lirio del Perú (*Alstroemeria*) – Devoción, amistad

Lirio de los valles (*Convallaria majalis*) – Regreso de la felicidad, pureza de corazón, lágrimas de la Virgen María, humildad

Lisianto, en general (*Eustoma*) – Aprecio, carisma, encanto, confianza y gratitud

Lisianto amarillo (*Eustoma*) – Alegría y energía positiva

Lisianto blanco (*Eustoma*) – Pureza, espiritualidad y un vínculo de por vida

Lisianto morado (*Eustoma*) – Belleza, nobleza y realeza

Lisianto rojo (*Eustoma*) – Amor y pasión

Lisianto rosado (*Eustoma*) – Romance, amor y afecto

Lisianto verde (*Eustoma*) – Riqueza, fertilidad y éxito en el trabajo

Lobelia (*Lobelia*) – Distinción, esplendor

Loto sagrado, o loto indio, rosa del Nilo (*Nelumbo nucifera*) – Pureza

Lunaria (*Lunaria biennis*) – Olvido

Lupino (*Lupinus*) – Imaginación, siempre feliz

Lúpulo (*Humulus lupulus*) – El símbolo de la fertilidad

M

Madreselvas (*Lonicera*) – Vínculo de amor, devoción

Madreselvas trompeta (*Lonicera*) – El color de mi destino

Madreselvas francésa (*Hedysarum coronarium*) – Belleza rustica

Madreselvas mensual (*Lonicera*) – No responderé apresuradamente

Madroño (*Arbutus*) – Te amo solo a ti

Magnolia (*Magnolia*) – Dignidad, nobleza

Magnolia china (*Magnolia*) – Amor a la naturaleza

Magnolia grandiflora (*Magnolia*) – Sin igual y orgulloso

Mahonesa, o alhelí de Mahón (*Malcolmia maritima*) – Amor eterno, belleza duradera

Maíz (*Zea mays*) – Riqueza

Majuelo (*Crataegus monogyna*) – Esperanza

Malva (*Malva*) – Dulzura, gentileza

Malva del bosque (*Malva sylvestris*) – Amor, protección y salud; considerado un guardián de la casa

Malva real blanca (*Alcea*) – Ambición femenina

Malva rosa, o malvarrosa, malva de las Indias (*Alcea*) – Fecundidad, fertilidad, productividad

Malvavisco, o altea (*Althaea*) – Imbuido en el amor

Mandrágora (*Mandragora*) – Calmante, rareza

Mango (*Mangifera*) – Símbolo del amor, la fertilidad y la inmortalidad

Mango, árbol (*Mangifera*) – Amor eterno

Manzana, florecimiento (*Malus domestica*) – Buena fortuna, preferencia

Manzanilla (*Matricaria recutita*) – Un símbolo de una familia feliz, amor, fidelidad, dulce sencillez y ternura

Manzanilla del cabo (*Eriocephalus punctulatus*) – Transición

Manzanilla de la muerte (*Hippomane mancinella*) – Traición

Manzano silvestre de Siberia (*Malus baccata*) – Profundamente interesante

Margarita; también chiribita, pascueta, vellorita (*Bellis*) – Pureza, amor leal

Margarita africana (*Gerbera jamesonii*) – Alegría

Margarita blanca (*Bellis*) – Inocencia

Margarita de jardín (*Bellis*) – Comparto tus sentimientos

Margarita estrellada (*Aster amellus*) – Despedida

Margarita roja (*Bellis*) – Belleza desconocida para el poseedor

Margarita rosa (*Bellis*) – Amabilidad, amor y romance

Margarita salvaje (*Bellis*) – Lo pensaré

Margaritón, o Margarita gigante (*Leucanthemum vulgare*) – Se paciente

Marrubio, o hierba del sapo (*Marrubium vulgare*) – Bondad congelada

Mejorana (*Origanum*) – Alegría, felicidad

Melera, o flor de miel, acanto glauco (*Melianthus*) – Amor dulce y secreto

Melisa (*Melissa*) – Diversión, simpatía

Melocotón (*Prunus persica*) – Encanto inigualable

Melocotón, florecimiento (*Prunus persica*) – Mi corazón es tuyo, esperanza nupcial

Membrillero japonés (*Chaenomeles*) – Símbolo del amor, sinceridad

Membrillo (*Cydonia oblonga*) – Romance, asociación, unidad

Menta (*Mentha*) – Virtud, sentimiento cálido

Menta salvaje (*Menta longifolia*) – Virtud

Mercurial (*Mercurialis*) – Bondad

Mesem, o Escarchada (*Mesembryanthemum*) – Ociosidad

Mezereón, o matacabras (*Daphne*) – Amor en una corona de nieve, deseo de complacer

Milenrama, o flor de la pluma (*Achillea millefolium*) – Cura para el corazón

Mimbrera (*Salix*) – Franqueza

Mimosa (*Mimosa*) – Sensibilidad; la flor de la amistad

Mimosa sensitiva (*Mimosa pudica*) – Humildad

Miñoneta (*Reseda odorata*) – Salud, tus cualidades superan tus encantos

Mirra (*Commiphora*) – Alegría

Mirto, o murta (*Myrtus*) – Amor

Moco de pavo (*Amaranthus caudatus*) – Sin esperanza pero no sin corazón

Mollo, o falso pimentero (*Schinus*) – Entusiasmo espiritual

Monarda (*Monarda*) – Simpatía, virtud

Mora (*Rubus*) – Curación, protección

Morella (*Myrica*) – Bendición de la casa; un símbolo de buena fortuna

Morera (*Morus*) – Sabiduría

Moringa, o Ben (*Moringa*) – El árbol de la vida, el crecimiento y el cambio; el árbol que nunca muere

Moscatelina, o hierba del almizcle (*Adoxa*) – Débil pero victorioso

Mosqueta, o rosa mosqueta (*Rosa eglanteria*) – Poesía, talento

Mostaza (*Brassica*) – Inteligencia

Muérdago (*Viscum*) – Supero todas las dificultades, bésame

Muguete (*Epigaea repens*) – Bienvenido, hospitalidad

Musgo (*Bryopsida*) – Amor maternal

Musgo saxifrage (*Saxifraga bryoides*) – Afecto

N

Nabo de campo (*Brassica rapa*) – Caridad

Nandina, o Bambú sagrado (*Nandina*) – Amor cálido

Narciso (*Narcissus*) – Amor propio, devuélveme mi afecto, ámame. También caballerosidad y respeto

Ninfeácea, o nenúfar (*Nymphaea*) – Corazón puro

Nochebuena, amarilla (*Euphorbia*) – Persistencia

No-me-olvides (*Myosotis*) – Amor verdadero

Nopal (*Opuntia*) – Esperanza y resistencia

Nudosilla (*Persicaria*) – Restauración

Nuez (*Juglans*) – Inteligencia, sabiduría, conocimiento, claridad y enfoque

Nuez de la India; también árbol candil, kukui (*Aleurites Moluccanus*) – Iluminación

Nueza negra (*Dioscorea*) – Sea mi apoyo

O

Oca, o vinagrera (*Oxalis*) – Gozo

Ojo brillante (*Euphrasia*) – Alegrarse

Ojos azules de bebé (*Nemophila*) – Tierna sensibilidad, inocencia y confianza

Olíbano (*Boswellia sacra árbol*) – El incienso de un corazón fiel

Oliva (*Olea europaea*) – Paz, longevidad e inmortalidad

Olmo (*Ulmus*) – Dignidad, patriotismo

Onagra (*Oenothera biennis*) – Recuerdos dulces

Orégano (*Origanum vulgare*) – Gozo

Oreja de conejo (*Stachys byzantina*) – Apoyo

Oreja de león (*Leonotis leonurus*) – Euforia

Orgullo de Londres (*Saxifraga urbium*) – Frivolidad

Oropeles (*Xerochrysum bracteatum*) – Acuerdo, union

Orquídea, en general (*Orchidaceae*) – Belleza refinada

Orquídea amarilla (*Orchidaceae*) – Amistad, nuevos comienzos

Orquídea azul (*Orchidaceae*) – Rareza

Orquídea blanca (*Orchidaceae*) – Reverencia y humildad

Orquídea morada (*Orchidaceae*) – Admiración y respeto

Orquídea orange (*Orchidaceae*) – Entusiasmo y orgullo

Orquídea roja (*Orchidaceae*) – Pasión y deseo

Orquídea rosa (*Orchidaceae*) – Gracia, alegría y feminidad

Orquídea verde (*Orchidaceae*) – Buena fortuna y bendiciones

Orquídea abeja (*Ophrys apifera*) – Trabajo duro, industria

Orquídea de Darwin, Orquídea de Navidad, o Estrella de Belén (*Angraecum sesquipedale*) – La realeza

Orquídea piramidal (*Anacamptis*) – Belleza refinada

Orquídea salvaje (*Orchidaceae*) – Tu eres belle

Ortiga (*Urtica*) – Unidad

P

Palma (*Arecaceae*) – Abundancia, vida eterna, fertilidad, crecimiento, longevidad, victoria y sabiduría

Palomilla de tintes (*Alkanna tinctoria*) – Purificación

Passiflora, o flor de la pasión (*Passiflora*) – Fe

Pata de vaca, o flor araña (*Cleome hassleriana*) – Fugarse conmigo

Patata (*Solanum tuberosum*) – Beneficencia

Pensamientos (*Viola*) – Risas, lealtad

Pensamiento salvaje (*Viola tricolor*) – Piensa en mi, ocupas mis pensamientos

Peonía blanca (*Paeonia*) – Un símbolo de pureza, compasión, matrimonio feliz y vida feliz

Peonía roja (*Paeonia*) – La expresión de nobleza y respeto, poder, riqueza y prosperidad

Peonía rosa (*Paeonia*) – Un símbolo de amor, cuidado y ternura

Pequeño sello de salomón (*Polygonatum biflorum*) – Protección, sé mi apoyo

Pelillo, tiña (*Cascuta*) – Bajeza

Pera (*Pyrus*) – Afecto

Pera, florecimiento (*Pyrus*) – Ternura

Perejil (*Petroselinum crispum*) – Festividad, gratitud

Perifollo (*Anthriscus*) - Sinceridad

Pervinca, o vinca (*Vinca minor*) – Recuerdos tiernos, dulces recuerdos

Petunia (*Petunia*) – Tu presencia me tranquiliza

Pícea (*Picea*) – Esperanza en la adversidad

Pimienta (*Pimenta*) – Compasión

Pimpinela (*Sanguisorba minor*) – Disposición alegre

Pimpinela escarlata (*Anagallis arvensis*) – Cambio

Piña (*Ananas comosus*) – Eres perfecto

Pino (*Pinus*) – Esperanza, energía espiritual

Pino silvestre, o pino serrano (*Pinus sylvestris*) – Elevación

Pittosporum dulce (*Pittosporum undulatum*) – Afectos fraternales

Planta de la plata, o monedas del papa (*Lunaria annua*) – Sinceridad

Plátano de sombra (*Platanus*) – Genio

Plumbago; también jazmín azul, jazmín del cabo, jazmín del cielo, celestinas (*Plumbago*) – Deseos espirituales

Plumeria (*Plumeria*) – Protección

Polemonio (*Polemonium*) – Baja a mi

Poleo, o menta poleo (*Mentha pulegium*) – Vete, huye

Polipodio helecho (*Polypodium*) – Fascinación

Primaveras, o primula (*Primula veris*) – Gracia, tú eres mi divinidad

Prímula, o primaveras (*Primula*) – El símbolo de Freya, la diosa del amor; símbolo holístico de la feminidad; gracia, tú eres mi divinidad; juventud y existencia eterna; amor joven, no puedo vivir sin ti

Prímula japonés (*Primula japonica*) – Amor eterno

Prímula polyantha (*Primula polyantha*) – Confianza

Prímula polyantha, carmesí (*Primula polyantha*) – Misterio del corazón

Protea (*Protea*) – Coraje

Protea amarilla (*Leucospermum cordifolium*) – Aguante

Pulmonaria (*Pulmonaria*) – Eres mi vida

Pulsatilla, o flor de Pasqua (*Pulsatilla*) – Estas sin pretensiones

Pyxie (*Pyxidanthera*) – La vida es dulce

Q

Quimafila (*Chimaphila*) – Armonía

Quina, o quinaquina (*Cinchona*) – Suerte

Quinoa (*Chenopodium*) – Voluntad, inventiva y compasión

R

Ranúnculo (*Ranunculus*) – Resplandor, encantador, riquezas

Raquel, o lirio de Guernsey (*Nerine sarniensis*) – Alusión

Regaliz, o regalicia, paloduz, palolú (*Glycyrrhiza glabra*) – Yo declaro contra ti

Remolacha (*Beta Vulgaris*) – Amor

Repollo (*Brassica oleracea*) – Ganancia

Roble (*Quercus*) – Libertad, hospitalidad

Roble, hoja (*Quercus*) – Valentía

Roble, bellota – Símbolo nórdico de la vida y la inmortalidad

Rocío, o escarcha (*Aptenia*) – Serenata

Rocío del sol (*Drosera*) – Rocío del sol

Rododendro, o azalea (*Rhododendron*) – Belleza y energía, cuidado y feminidad, romance

Romanesco (*Brassica oleracea*) – Infinidad

Romero (*Rosmarinus officinalis*) – Recuerdo, devoción

Romero, salvaje (*Eriocephalus paniculatus*) – Emociones cálidas

Rosa de navidad, o eléboro (*Helleborus*) – Renacimiento, hermoso año por delante

Rosa salvaje geranio (*Pelargonium capitum*) – Equilibrio

Rosa de Siria, o suspiro, granado blanco, malva real de Sevilla, malvavisco arbóreo, avispa (*Hibiscus syriacus*) – Persuasión

Rubia (*Rubia*) – Tranquilidad

Ruda (*Ruta*) – Gracia

Rudbeckia bicolor (*Rudbeckia*) – Justicia

Ruibarbo (*Rheum*) – Consejo

Rus, o Zumaque (*Rhus*) – Adoración

Rosa (*Rosa*) – Amor, belleza, pasión

Rosa almizcleña (racimo) – Encantador

Rosa almizcleña – Belleza caprichosa

Rosa amarilla – Amistad y alegría. Una rosa amarilla con 11 rojas significa amor y pasión

Rosa austriaca – Eres todo lo que es encantador

Rosa azul – Amor no correspondido

Rosa blanca, marchita – Impresión transitoria

Rosa blanca, seca – La muerte es preferible a la pérdida de la virtud

Rosa blanca – Soy digno de ti, amor eterno, pureza, amor espiritual

Rosa bola de nieve – Solo para ti

Rosa burdeos – Belleza interior

Rosa canela – Sin pretensiones

Rosa carmesí oscuro – Luto

Rosa carolina – El amor puede ser peligroso

Rosa china – Gracia

Rosa coral – Deseo

Rosa cien hojas – Orgullo

Rosa de Castilla – Variedad

Rosa de novia – Amor feliz

Rosa del damasco – Frescura

Rosa descolorida – La belleza es efímera

Rosa diaria (dada diariamente) – Aspiro a tu sonrisa

Rosa Gloire de Dijon – Mensajero de amor

Rosa hibisco – Belleza delicada

Rosa japonesa – La belleza es tu único atractivo

Rosa John Hopper – Ánimo

Rosa La France – Encuéntrame a la luz de la luna

Rosa lavanda – Amor a primera vista

Rosa rubor de doncella – Si me amas, me encontrarás

Rosa Marechal niel – Tuyo, corazón y alma

Rosa melocotón pálido – Modestia, la inmortalidad

Rosa multiflora – Gracia

Rosa musgo – Virtud superior

Rosa naranja – Fascinación

Rosa negra (teñida) – Muerte del ego

Rosa Nephitos – Infatuación

Rosa perpetua – Amor inmarcesible

Rosa pompon – Gentilidad

Rosa provenzal – Mi corazón esta en llamas

Rosa púrpura – Encantamiento

Rosa rayada – Calidez de corazón

Rosa repollo – Embajador del amor

Rosa roja – Te amo, respeto

Rosa roja oscura – Lealtad, amor y belleza eterna

Rosa rosada – Felicidad perfecta, dulzura

Rosa rosada oscura – Gratitud

Rosas, ramo de plena floración – Gratitud

Rosa salvaje – Simplicidad, poesía

Rosa té – Siempre encantador, siempre recordaré

Rosa verde – Renovación, fertilidad y rejuvenecimiento del espíritu y la energía

Rosas blancas y rojas juntas – Unidad

Rosa sin espinas – Apego temprano, amor a primera vista

Rosa única – No me llames hermosa

Rosal silvestre (*rosa canina*) – Placer y dolor

Rosa, hoja – Tu puedes esperar

Capullo de rosa, blanco – Belleza y juventud, un corazón inocente de amor

Capullo de rosa, musgo – Confesiones de amor

Capullo de rosa, rojo – Pura y encantadora

Capullo de rosa musgo – Amor confesado

Guirnalda de rosas – Recompensa de la virtud y la belleza

S

Salvia (*Salvia officinalis*) – Sabiduría, buena salud y larga vida

Salvia azul de la montaña (*Salvia Stenophylla*) – Claridad

Sandía (*Citrullus*) – Símbolo de intelecto, trabajo y bienestar

Sanguinaria (*Sanguinaria*) – Amor protector

Sarracenia (*Sarracenia purpurea*) – ¿Me prometerás?

Sassafras (*Sassafras*) – Fundación, opciones consideradas

Satirión verde (*Platanthera*) – Alegría

Sauce (*Salix*) – Maternidad, sinceridad, melancolía, flexibilidad y adaptabilidad

Sauco (*Sambucus*) – Compasión

Sauzgatillo; también agnus-castus, el árbol casto, saucegatillo (*Vitex*) – Santo y puro; símbolo de castidad y fidelidad al espíritu divino

Saxifraga (*Saxifraga*) – Afecto, admiración

Sempiterno (*Gnaphalium californicum*) – Nunca cesar el recuerdo

Secoya, árbol (*Sequoioideae*) – Eternidad, sabiduría antigua

Sedum (*Sedum*) – Tranquilidad

Serbal (*Sorbus*) – Prudencia

Serruria florida (*Serruria florida*) – Vislumbre del amor

Siempreviva (*Sempervivum*) – Vivacidad, economía doméstica

Solanácea (*Solanaceae*) – Verdad

Staphylea, arbol (*Staphylea*) – Diversiones frívolas

Statice, o estátice (*Limonium*) – Recuerdo

Struthiola (*Struthiola argentea*) – Atractivo

Suelda consuelda (*Symphytum officinale*) – Dinero

Sumac, o zumaque (*Rhus*) – Esplendor

T

Tabaco (*Nicotiana*) – Curación, purificación

Tagete, o clavel moro (*Calendula*) – Pasión, creatividad

Tanaceto, o tansi, hierba lombriguera (*Tanacetum*) – Resistencia

Tarragón, o estragón, dragoncillo (*Artemisia*) – Altruismo, generosidad

Tigridia, o flor de tigre, flor de un día (*Tigridia*) – Que el orgullo te haga amigo

Tejo negro (*Taxus baccata*) – Tristeza

Tilo, árbol (*Tilia*) – Amor conyugal, la intimidad y atracción de los enamorados, matrimonio

Tojos (*Ulex europaeus*) – Amor para todas las ocasiones

Tomillo (*Thymus*) – Actividad, coraje

Tradescantia virginiana (*Tradescantia virginiana*) - Felicidad momentánea

Trébol de cuatro hojas (*Trifolium*) – ¿Serás mía? Además, se cree que cada hoja representa algo: la primera es para la fe, la segunda es para la esperanza, la tercera es para el amor y la cuarta es para la suerte

Trébol amarillo (*Trifolium dubium*) – Jovialidad

Trébol púrpura (*Trifolium*) – Providente

Trébol rojo (*Trifolium*) – Industria

Trébol blanco (*Trifolium*) – Piensa en mi, fe

Trébol de agua, o el trébol de río (*Menyanthes*) – Reposo tranquilo

Trigo (*Triticum*) – Prosperidad

Trilio (*Trillium*) – Belleza modesta

Trompeta trepadora (*Campsis radicans*) – Fama

Trufa (*Tuber*) – Sorpresa

Tuberosa (*Polianthes tuberosa*) – Sensualidad

Tulipán, en general (*Tulipa*) – Amor verdadero

Tulipán amarillo (*Tulipa*) – Preocupación por el ser querido

Tulipán blanco (*Tulipa*) – Amor extremo, sincero e idealista

Tulipán crema (*Tulipa*) – Te amaré por siempre

Tulipán jaspeado (*Tulipa*) – Ojos bonitos

Tulipán orange (*Tulipa*) – Un sentido de comprensión y aprecio entre dos personas, conexión física y espiritual

Tulipán rosa (*Tulipa*) – El nacimiento del amor, la inocencia de los sentimientos

Tulipán rojo (*Tulipa*) – Declaración de amor, amor sincero y fuerte

Tulipán morado (*Tulipa*) – Abundancia y nobleza

Tulipán nero (*Tulipa*) – Amor intenso que vive en el sufrimiento

Tulipán estrellado amarillo (*Calochortus monophyllus*) – Intuición

Tulípero (*Liriodendron*) – Felicidad rural

Tusilago; también fárfara, pie de caballo, uña de caballo (*Tussilago*) – El amor maternal, cuidando

Tuya (*Thuja*) – Inmortalidad, árbol de la vida, mistad inmutable

U

Uva (*Vitis*) – Caridad

V

Valeriana (*Valeriana*) – Considerado, disposición complaciente

Velo de novia, o paniculata, gisófila, nube (*Gypsophila paniculata*) – Amor eterno, puro de corazón

Vara de oro (*Solidago*) – Ánimo

Venus, o dionea (*Dionaea muscipula*) – Atrapado al fin

Verbasco (*Verbascum*) – Buena naturaleza

Verbena (*Verbena*) – Sensibilidad, ora por mi

Verbena, rosada (*Verbena*) – Unión familiar

Veronica (*Veronica*) – Fidelidad femenina

Veronica, claveteado (*Veronica spicata*) – Semejanza

Vezo (*Vicia*) – Me aferro a ti

Viborera, o viperinaı, buglosa (*Echium vulgare*) – Falsedad

Vid (*Vitis vinifera*) – Abundancia, risa

Vinagrera (*Rumex acetosa*) – Afecto, afecto parental

Violeta africana (*Saintpaulia*) – Protección, fidelidad

Violeta (*Viola*) – Fiel, virtud

Violeta, amarilla (*Viola*) – Valor modesto

Violeta, azul (*Viola*) – Amor verdadero y eterno

Violeta, blanca (*Viola*) – Modestia

Violeta, morada (*Viola*) – Fe, espiritualidad y misticismo

Violeta citrina (*Cheiranthus*) – Fidelidad, amistad
Violeta de Agua, o Flor de Bach (*Justicia americana*) –
Libertad
Viscaria (*Silene viscaria*) – ¿Bailarias conmigo?

W

Watsonia (*Watsonia zeyheri*) – Castidad, pureza

Y

Yohimbe (*Yohimbe*) – Amor

Yuca (*Yucca*) – Transmutación, purificación

Yute (*Corchorus*) – Impaciencia de la felicidad

Z

Zanahoria (*Daucus*) – Prosperidad, abundancia y fertilidad

Zanahoria, florecimiento (*Daucus*) – No me rechaces

Zapatito de Dama (*Cypripedium*) – Belleza caprichos

Zarzaparrilla (*Smilax*) – Hermosura

Made in the USA
Coppell, TX
21 March 2024